Le Pardon

Ça met du baume au cœur

Textes de
Carol Ann Morrow

Illustrations de
R. W. Alley

ÉDITIONS
DU SIGNE

A notre ami Pat,
qui croit que le pardon
est la plus importante leçon de la vie
et apprend aux autres comment pardonner

ÉDITEUR :
ÉDITIONS DU SIGNE
BP 4
67038 STRASBOURG CEDEX 2
Tél. (00-33) (0) 3 88 78 91 91
Fax (00-33) (0) 3 88 78 91 99
e-mail : info@editionsdusigne.fr
www.editionsdusigne.fr

Textes :
Carol Ann Morrow

Traduction :
Nadine Deffieux
Didier Dolna

Illustrations :
R.W. Alley

ISBN 978-2-7468-1360-1
Imprimé en Chine

À l'attention des parents, des enseignants et de tous ceux qui s'occupent d'enfants

Nous avons tous entendu l'expression : « Pardonne et oublie ». Mais la bonne maxime serait plutôt : « Souviens-toi et pardonne ». Le but de ce livre est de vous aider à guider vos enfants dans ce juste commandement. Ce qui ne veut pas dire qu'on autorise et qu'on accepte l'injustice, le préjudice et les abus. Les adultes, tout comme les enfants, ont besoin de les nommer, de les reconnaître, et d'abord de les combattre ; le temps du pardon ne vient qu'après, c'est l'étape ultime où on lâche prise, où l'on renonce au besoin de se venger, où l'on admet que chaque personne est plus qu'un seul et unique acte, même si cet acte provoque la douleur et la tristesse.

Les enfants sont très indulgents de nature. Ils continuent à suivre ce chemin, si on ne les en détourne pas. Et c'est malheureusement ce que nous faisons, et de nombreuses façons. Pas toujours avec un discours organisé. Nos plaintes, nos paroles de colère, notre manque d'amour, nos gestes, nos positions, nos attitudes suffisent à enseigner la rancune. Qui a besoin de paroles ?

Cependant, permettez-moi d'en proposer quelques-unes. Le psychologue William Damon, auteur de « The moral child », encourage les adultes qui s'occupent d'enfants à nourrir la croissance morale de leurs protégés avec autant de soin que nous nourrissons leur croissance physique avec des aliments, de la boisson et de l'exercice. William Damon dit que les adultes qui s'occupent d'enfants ont quatre mesures à prendre pour favoriser leur développement moral. J'ai appliqué ces mesures pour encourager l'esprit de pardon.

Premièrement, soutenir et nourrir la nature indulgente et innée de l'enfant ; deuxièmement, aider l'enfant à voir et à reconnaître des situations dans lesquelles le pardon est, ou pourrait être, exprimé ; troisièmement, encourager les actes et les paroles de pardon et enfin combattre tout manque d'indulgence en créant des occasions favorables à l'épanouissement du cœur. Nourrissez l'amour, pas la rancune.

En réalité, nous éprouvons tous les bienfaits du pardon, chaque jour, d'une façon très physique. Nous sentons notre corps renouvelé après une nuit de repos. À chaque fois que le soleil se lève, c'est une nouvelle chance pour la terre et pour nous. Comme pour nos corps et pour la terre, le pardon peut réjouir nos cœurs et le cœur de nos enfants.

L'intelligence du cœur

Il y a des jours où on se fait des bleus.
Tu peux te faire un bleu au genou ou au cœur.

Thérèse a cassé le crayon tout neuf de Sarah.
Thérèse dit qu'elle ne l'a pas fait exprès
mais Sarah est triste. Jean n'a pas choisi
Benjamin pour faire partie de son équipe.
Benjamin est en colère contre Jean.

Sarah et Benjamin pourraient continuer
à se sentir blessés. Ils pourraient rester tristes
ou fâchés. Mais ils pourraient aussi faire un
autre choix. Ils pourraient passer l'éponge.
Ils pourraient pardonner.

Pardonner est bon pour vivre heureux.
Ton cœur sait comment pardonner. Plus tu
pratiqueras le pardon, plus tu pardonneras
facilement.

Salle 6
ART

Pardonner c'est donner

Dans « pardonner », il y a « donner ». « Donner » et « pardonner » se ressemblent beaucoup. Quand tu dis à Jasmine : « Allez, tout va bien… », tu lui fais un cadeau. Ce cadeau c'est de passer l'éponge sur ce qu'elle a fait ou ce qu'elle a dit. Tu t'enlèves toute raison d'être en colère ou blessé.

Pardonner c'est comme effacer la craie sur un tableau noir. Il arrive que le maître écrive ton nom au tableau quand tu as un problème. Quand ton nom n'y est plus, tout va bien à nouveau. Tu peux effacer le nom de Jasmine de ton tableau noir en lui pardonnant.

Pardonner ne veut pas dire que rien n'est arrivé. Tu sais que tu pourrais rendre Jasmine malheureuse pour ce qu'elle a fait.
Mais tu veux l'aider à se sentir bien et à être bonne. Tu veux lui donner une nouvelle chance.

GLUE

Quand tu pardonnes, tu ouvres ton cœur

Ta maman t'avait promis qu'elle t'emmènerait au cirque mais elle a oublié. Ou ton oncle t'avait dit qu'il t'apporterait un cadeau mais il n'a rien pour toi.

Tu pourrais rester tristement dans ton coin, piquer une crise ou être méchant, ne plus parler ou être désagréable.

Faire du mal aux gens qui t'en font peut sembler juste, mais ça ne sert qu'à entretenir la blessure, à vous emprisonner tous les deux dans un nuage noir de mauvais sentiments. Pardonner ouvre ton cœur de façon à ce que le mal s'en aille et que l'amour brille à nouveau.

Comment faire pour pardonner ?

Pour montrer que tu pardonnes, tu peux dire : « C'est bon, ça va » ; « Je sais que tu ne l'as pas fait exprès » ; « Tu es mon ami, je ne t'en veux pas, je t'aime ».

Ne dis pas : « Ça ne fait rien », quand au contraire ça fait quelque chose ; ni : « Oublie ça » si tu veux que la personne se souvienne qu'elle doit se comporter autrement.

Tu peux aussi montrer ton pardon par des actes. Regarde ton ami dans les yeux et souris-lui ou serre-lui la main. Embrasse ton papa ou assieds-toi tout contre ta maman. Fais quelque chose de super gentil. N'attends pas trop longtemps, de façon à ce que l'intéressé sache que c'est bien de ton pardon qu'il s'agit.

Les façons de pardonner

Il y a différentes façons de pardonner. Si ton petit frère n'arrête pas de prendre ton ballon, tu peux jouer avec lui un moment pour lui montrer comment partager et jouer ensemble.

Ton papa avait dit qu'il irait au parc avec toi. Voilà que maintenant il se sent trop fatigué. Tu peux lui dire : « J'aime être avec toi ; pour l'instant, repose-toi, nous pourrons y aller demain. »

Quand on fait la queue à la cantine, Caroline essaie de se faufiler pour passer devant les autres. Fais-lui savoir gentiment qu'elle n'est ni juste, ni polie : « Caroline, fais la queue à côté de moi, nous y passerons presque en même temps. »

T'accrocher à ton mal te fait du mal

Si tu choisis de ne pas pardonner, ton mal s'agrippe avec ses griffes comme un chaton effrayé. Ça fait mal. Ça grandit. Ça te ronge.

Tu peux croire qu'avec ta colère, tu rends bien la monnaie de sa pièce à la personne qui t'a blessé. Mais elle, sait-elle seulement ce que tu penses ? Elle peut même se sentir tout à fait bien alors que toi tu te morfonds de ton côté. Ce comportement n'apporte rien ni à toi ni à qui que ce soit.

Tu peux décider de laisser s'envoler tes sentiments de colère. Tu peux souhaiter du bien à l'autre personne, prier pour elle, lui montrer par ce choix comment on est quelqu'un de bien.

PIZZA PIZ

Le pardon est libérateur

Pardonner, ce n'est pas faire comme si rien n'était arrivé. Tu voulais vraiment qu'Alexandra t'invite à sa fête. Tu voulais que l'entraîneur te laisse jouer.

Mais tu décides de pardonner, de laisser s'envoler ton ressentiment. Tu espères que la fête d'Alexandra sera réussie ; tu encourages les joueurs de ton équipe.

Il se peut que tu ne saches jamais pourquoi les autres ont fait les choix qu'ils ont faits. Ils ne diront peut-être jamais qu'ils sont désolés. De toutes les façons, en pardonnant, tu seras débarrassé de ce pincement au cœur que le mal et la colère provoquent.

COACH

Voir à travers les yeux d'un autre

Les gens peuvent se blesser les uns les autres sans même le savoir ou le vouloir. Peut-être que l'entraîneur a voulu faire entrer Louis dans le jeu parce qu'il n'avait pas encore eu l'occasion de jouer. Peut-être qu'Alexandra ne t'a pas invité parce qu'il s'agissait d'une fête de famille.

Si quelqu'un t'embête ou te blesse, c'est normal de lui faire savoir ce que tu ressens, mais calmement et gentiment.

L'intéressé pourra alors expliquer pourquoi il a fait ce qu'il a fait. Ce qui te donnera l'occasion de voir les choses a travers le regard d'un autre. Chaque personne voit les mêmes choses très différemment.

Les sentiments vont et viennent

Tu as le pouvoir de pardonner mais, avant tout, tu peux aussi choisir de ne pas être blessé. Hélène pourrait faire la tête parce que son frère ne veut pas jouer à chat perché. Mais elle décide de trouver quelqu'un d'autre pour jouer avec elle.

Te rappelles-tu la fois où tu voulais si fort quelque chose que ça te faisait mal à l'intérieur ? Aujourd'hui, cette chose n'a plus la même importance, n'est-ce pas ? C'est bon de savoir reconnaître tes sentiments, mais c'est vraiment bon aussi de savoir que beaucoup de sentiments disparaissent, et pour certains, aussi vite qu'ils sont apparus.

Le bonheur vient du fond du cœur. Laisse la tristesse et la colère juste t'effleurer.
Ça ne sert à rien de t'y cramponner.

CONCOURS DE PÊCHE
LUTIN
ACADEMIE

Quand les autres ne sont pas gentils

Pardonner n'empêche pas d'être blessé. Tout comme tu ne peux empêcher la pluie de tomber, tu ne peux te préserver d'être parfois blessé.

Quand quelqu'un te fait mal, avant de réagir, réfléchis. Demande-toi : « Où est-ce que ça fait mal ? Pourquoi ça fait mal ? À quel point ça fait mal ? » Souvent, comme pour la pluie, c'est seulement une petite averse. Tu sais que bientôt ça ira mieux.

Si ça fait très mal, alors il faut faire quelque chose. Dis à l'autre personne d'arrêter. Si elle n'arrête pas, alors va-t'en. Demande de l'aide à quelqu'un de plus grand et de plus avisé. Ne perds pas ton temps avec des gens qui te font du mal. Tu peux être indulgent avec les gens, tu n'es pas obligé de rester avec eux.

CARTE
L'ÎLE DES LUTINS
Mer
forêt
vallée

Les sages enseignent le pardon

Certains enfants pensent qu'il faut toujours se comporter en gros dur pour être fort. Mais la vraie force c'est de pardonner.

Beaucoup de gens partout dans le monde honorent les paroles et l'exemple de Jésus. Jésus nous a appris qu'il faut pardonner aux autres tout comme nous voulons être pardonnés. Jésus était si fort qu'il a même pardonné à ceux qui l'ont tué.

En Afrique du Sud, Nelson Mandela a été emprisonné pendant 27 ans. Quand il est sorti, ses amis l'attendaient pour se venger de ceux qui l'avaient mis en prison. Il a dit que c'était mieux de pardonner et d'être en paix. Il est devenu le chef de son pays.

Quand tu commets une faute

Qu'est-ce qui se passe si c'est toi qui a fait une bêtise et qui a besoin d'être pardonné ?

Tu peux dire : « Je suis désolé .» Il t'est probablement arrivé de le dire alors que tu ne le pensais pas encore. Même comme ça, ça vaut la peine de le dire : ton esprit et ton cœur se rejoindront plus tard. Mais tu as aussi le pouvoir de dire ces mots et de les penser en même temps, ce n'est pas une défaite, au contraire, c'est une victoire de l'amour.

Entraîne-toi à dire des phrases comme : « Je suis désolé » ; « Je ne l'ai pas fait exprès et j'espère que tu vas bien » ; « Excuse-moi » ; « Pardonne-moi ». Ce sont des mots d'amour. Quand tu les utiliseras, l'amour te reviendra.

Pardonne-toi

Ce n'est pas facile de reconnaître qu'on a commis une faute. Nous aimons avoir raison. Mais personne n'a raison tout le temps. Un joueur de foot donne tout ce qu'il peut. Quand il a le ballon, il peut essayer de marquer un but, mais ça ne marche pas toujours. Tant pis : il pourra peut-être réessayer plus tard.

Toi aussi, tu as le droit de réessayer.
Une erreur n'est pas un échec.
C'est simplement une chance d'essayer encore.

N'oublie pas tout ce que tu fais de bien dans une journée. Tu as peut-être aidé à mettre la table sans qu'on te le demande ; ou tu t'es montré gentil avec le nouvel élève de la classe.

Il y a des choses que tu ne sauras jamais bien faire. Ce n'est pas grave : ce que tu rates t'indique ce que tu dois éviter dans ta vie.

Vivre dans un monde indulgent

Il y a des endroits dans le monde où personne ne veut être le premier à pardonner. Et ainsi les gens continuent à se battre.

Le monde est composé de nations ; les nations sont composées d'États ; les États sont faits de régions et de villes qui sont faites de quartiers ; et les quartiers sont faits de voisins, de gens comme toi.

Quand tu pardonnes, tu apportes la paix à ton cœur et à ceux qui sont autour de toi. Si chacun, dans chaque quartier, partout, voulait bien être indulgent, on pourrait mettre fin aux luttes et à la guerre. Pardonne et aide à apporter la paix dans le monde.

Bienvenue à tous !
GRANDE INAUGURATION
DU
NOUVEAU PONT

Carol Ann Morrow vit avec son mari à Cincinnati dans l'Ohio. Ryan Madsen, son petit voisin âgé de huit ans a partagé avec elle son expérience du pardon, ce qui l'a aidée et encouragée à écrire ce livre.

R.W. Alley est l'illustrateur d'une série populaire pour adultes publiée dans la collection Elf-Help chez Abbey Press (traduit et publié par les Editions du Cerf dans la collection : Un temps pour…) ainsi que l'auteur et l'illustrateur de livres pour enfants. Il vit à Barrington dans le Rhode Island, avec sa femme, sa fille et son fils.